destiny

Take Me to Jamaica

ISBN:1-4196-3300-7

To order additional copies, please contact us.
BookSurge, LLC
www.booksurge.com
1-866-308-6235
orders@booksurge.com

TAKE ME TO JAMAICA

A Poet Celebrates His Homeland

HUTCHIE SIMEON,
RAS TAMBA

2006

Take Me to Jamaica

CONTENTS

ACKNOWLEDGEMENTS

To my son Aidoo and all my siblings, nieces, and nephews, the most important people to me, and those close associates worldwide who were always there in times of need, I will always love you.

To the Jamaica Foundation of Houston, Texas, I appreciate your encouragement and continued support, especially Professor M. Douglas Jones and Mrs. Beverley Ford, Honorary Consul of Jamaica.

Finally, to all my teachers, from primary school to college, and those members of the community where I grew up who helped to shape my life into who I am today, thank you!

Hutchie Simeon, Ras Tamba

FOREWORD

Take Me to Jamaica is a selection of poems celebrating the vibrant and colorful culture of my Caribbean island. They are a collection of many years of reflections, and I was especially gratified to be able to recite "Welcome, Mandela" upon the occasion of Nelson Mandela's visit to Jamaica shortly after his release from prison in South Africa.

"Rasta" expresses my philosophy of life as a true believer in Ras Tafari, and "One People" is a call for unity among Jamaicans in hopes of eliminating the disorder in our nation today. It is my most earnest prayer that my fellow Jamaicans will cease the wanton violence and come together to set better examples for our children.

Some of the remaining poems reminisce about the olden days, paying tribute to the migrant experience, country life, and the customs of our elders, such as "Days of Innocence," "Accompong Nanny" and "Dear Mama".

May those who read these poems find comfort and inspiration, and may JAH bless and guide all, especially our leaders, "great defenders" of Jamaica, "land we love."

Hutchie Simeon, Ras Tamba

TAKE ME TO JAMAICA

Across the ocean
Over many seas
There lies a beauty
Of trailing hills and valleys
Lush green fields and mountains
Many streams and fountains
Take me to Jamaica
Land of wood and water.

Lying on my pillow
Thoughts across the seas
Drifting to my homeland
Beaches of crystal sand
Climate ever so warm
Winter or summer morn
Take me to Jamaica
Land of summer all year long.

Laughing in my vision
Having pleasant dreams
Food so hot and spicy
Dishes nice and dainty
Industries and agriculture
Hospitality and the culture

Take me to Jamaica
Land of sugar cane and rum.

Sailing on the ocean
Hours in the sky
Disembarked on an island
Amid the Caribbean
Miles of winding roads
Visitors love to probe
Take me to Jamaica
Land of Marcus Garvey.

Toiling many hours
Glad for a break
Reminiscing special events
The many, many talents
Rafting on the rivers
Playing a game of soccer
Take me to Jamaica
Land of many peoples.

Exploring foreign boundaries
Miles away from home
Mind on sweet Jamaica
Blessed land and creatures
Unique in its music
Bob Marley is a favorite
Take me to Jamaica
Land of Reggae songs.

RASTA

JAH is a lamp unto my feet
A light unto my path
Protector of my life
Defender of my rights...
JAH is GOD
Christ is the son of JAH
Ras Tafari is Christ
In His kingly character
His Imperial Majesty
Emperor Haile Sellassie I of Ethiopia
King of Kings
Lord of Lords
Conquering Lion of Judah
Elect of God
And Light of the world
Son of Israel's King Solomon
And Sheba's Queen Makeda

Rasta is Godly
Rasta is natural
Rasta is creative
Rasta is loving
Rasta is unifying
Rasta is humble
Rasta holds fast to the truth

HUTCHIE SIMEON, RAS TAMBA

Rasta guides the youth
Rasta promotes justice
Rasta bears no malice
Rasta advocates equality
Rasta defends humanity

Rasta waves the red gold and green
Rasta protects and provides for his queen
Rasta's symbol is the Lion
Rasta lives upon Mount Zion

Marcus Garvey ignited the passion
Locks and discipline set the fashion
Jamaicans set the pace
To uplift the human race

Rastafarian's greatest desire
Is to return to Mother Africa
Rasta is a beacon to all nations
Get with the revolution.

START

It's a new day
A new dawn
A new beginning
A little bird chirps
New grass sprouts
A flower blooms
With fragrance of perfume
Fresh water springs
From the earth within
As the morning dew burns away
The sunlight brightens another day.

PROUD TO BE JAMAICAN

Be proud to be Jamaican
From a tiny dot in the Caribbean
Looming large among the giants
On center stage in world affairs
Well respected among our peers

Be proud to be Jamaican
Our athletes top the competition
We have no snow nor sleet nor ice
Yet our bobsled team
Entered Olympics twice

Be proud to be Jamaican
Leader of cultural revolutions
We gave the world our music
They still can't refuse it
Ska Reggae and Dance Hall
Have every body appalled

Be proud to be Jamaican
All try to follow our fashions
From the Rastaman's religion
His dreadlocks and traditions
To our irie colors and slang

Be proud to be Jamaican
Our foods take the Blue Ribbon
Ackee Jerk and Easter Bun
Ting Red Stripe and Appleton Rum
Kola champagne bring them back again

Be proud to be Jamaican
Admired by all nations
Our Black Green and Gold
Flies high around the world
Walk good boys and girls.

REGGAE

Tis the sound of music
That sounds so sweet and clear
That irie Reggae music
Blowing through the air
Brings back cherished memories
Of events over the years

Tis the sound of music
Coming from the fair
That vibrating music
Climbing every stair
You need no invitation
Just join in if you care

Tis the sound of music
And dancing in the park
That soft romantic music
A spotlight in the dark
Entertaining and relaxing
Solace for heavy hearts

Tis the sound of music
At a party on the beach
That harmonious music
All within your reach

TAKE ME TO JAMAICA

You can't resist the feeling
Go have yourself a treat

Tis the sound of music
Keyboard bass and drums
That soul searching music
Bidding all to come
So join the festive gathering
With revelers having fun.

DAYS OF INNOCENCE

Gone are the days
Of shooting birds
In the woods
Young boys with sling shots
And pockets full of stones
Wading through tall grass
Seeking their prey

Forgotten are the days
Of children laden
With buckets of water
Skillfully balanced
On their heads
Coming from the spring
Droplets running down their faces

Lost is the fear
Of dark starless nights
When owls hoot
And fireflies float aimlessly
Where wood fires blazed
And story telling adults
Were main attractions

Faded are memories
Of cocks crowing at dawn
And chirping birds
Announced the new day
Children moving sulkily
Braving the cold air
Doing their morning chores

Where are the days
When young girls and boys
Swam together at the creek
Where is the togetherness
Of one big family
Living and sharing
In village communities

Lost is the innocence
Of playing in the rain
Gathering ripe mangoes
Under the trees
Avoiding being hit
By falling fruits
All for the adventure

Forgotten are kite seasons
Men and boys gathered
Making all types
Then the entire village
Would perch on a hill
Watching them hover above
And cheering them on

Missing are boys playing marbles
Kneeling in the dust
Then the ketchi shubi
Game of cricket
Three pieces of sticks
Coconut bough for a bat
And a ball made out of wood

Gone is the fun on rainy days
Of roasting corn
Or running boats
The big blazing wood fires
Dumpling with ackee and salt fish
The wild idle jesters
And the fun of indulgence.

ONE PEOPLE

To function as one people
Jamaicans
Must be willing to support
Our own industry and commerce
Help our fellows in need
Make it easier for us to lead.

To function as a team
Jamaicans
Must wake up to reality
Establish our own identity
Practice unity among one another
And give respect to each other.

To function with one destiny
Jamaicans
Must practice our own version of religion
To ward off intrusion
Fight against encroachment
But welcome development.

To function as one unit
Jamaicans
Must develop a united foreign policy
Defend national unity

HUTCHIE SIMEON, RAS TAMBA

Overcome starvation
By removing stagnation.

To function with one love
Jamaicans
Must be grateful of the privilege
To protect our heritage
Be militant and aggressive
To weed out all liabilities.

To function as a nation
Jamaicans
Must show our ability
Stand up for integrity
Encourage and utilize production
The foundation of a strong nation.

CRICKET LOVELY CRICKET

A bat, a ball and six wickets
Eleven players per side
Will make the fans come alive
Players decked out in white
That sparkles in the sunlight
Inside a well kept park
On a smoothly rolled path
Running twenty two yards
Between two sets of sticks
Dubbed the cricket pitch

When cricket takes center stage
Everyone is engaged
From grandma at ninety nine
To grandson who is only nine
Can tell who dropped the catch
Or who stole the match
Who's fielding in the slips
Or who's keeping the wickets
Whose shot went for four
They all know the score

When there's a test match
They all come to watch
So you'll have to be early

Rest assured it will be crowded
The bowler runs up
Twirls his hand above his head
He makes his delivery
And depending on the call
It could be a no ball

Cricket lovely cricket
Even in match practice
In order to hit the wickets
You'll have to beat the bat
The handle is round
The face is flat
It's made from willow
In one swing a massive hit
Could go all the way for six

Game is on
Everyone is watching
A slow delivery is called a spinner
If he's fast he is pace bowler
So watch for the bouncers
And keep your eyes on the ball
Because a wicket could fall
If the ball is hit onto the ground
The batsmen may go for a run

Cricket lovely cricket
Don't get hit in front of the wicket
Or you'll hear how-is-he-umpire
And if given out for zero

That won't make you a hero
But if runs come a plenty
You could make a century
And always bear in mind
You are out when caught from behind.

WELCOME MANDELA

Greetings Mandela, Welcome my brother!
Long time now man and man a suffer
Denying human rights and United Nations
They held you captive
To subdue your motive

Greetings Mandela, Welcome my brother!
Long time now man and man a utter
Without regard for humanity
Or respect for God Almighty
You were denied your privilege
By a minority acting primitive

Greetings Mandela, Welcome my brother!
Long time now man and man get scattered
Besieging heads of government
And members of Parliament
Who shunned you in bondage
Still you shone like a beacon

Greetings Mandela, Welcome my brother!
Long time now the battle getting hotter
With respect to all supporters
And all the slain brothers
We welcome you to our territory
A true stalwart of Africa.

BLESSINGS

If you have a penny
Have it with joy
If you lose your penny
Be strong and be bold
Love your brother
As yourself
Put humanity
Above vanity
Count your blessings
When you have it nuff
Count your blessings
When dutty tuff
Remember the Creator
In the days of your youth
Remember the Creator
When a storm
Tears off your roof
Give Him a call
When riding tall
Give Him a call
When you have a fall
Be kind and be gentle
To those who are old
Kindness to children
Could be your gold

HUTCHIE SIMEON, RAS TAMBA

When you have plenty
Set some apart
When the rain starts
You will have peace
In your heart
Be meek and be humble
In whatever you do
All these good gestures
Will see you through.

CUTIE

She thinks she's sweet
And only she alone can dweet
But she only has two feet

Look how him a gwaan
An a cause big alarm
But afta the storm

How she a brag an a show off
Hands akimbo an a cut big laugh
But who have the last laugh

Him so big an mighty
Nuh even member the Almighty
But who has the authority?

GIVE ME BACK MY SHILLING

Good morning Mass Tom
Good morning Miss Daisy
Those little things
Are common courtesies
Since Independence
We've lost our identity
Because of the dollar
Blood runs down the gutter
Give me back my shilling
And stop all the killing
Children are a heritage
We need to protect
Teachers and elders
Deserve more respect

Hail up my sister
Love my brother
There's no independence
Without recompense
The burning and the looting
The poor are the victims
Lack of opportunity
And the need for money
Political bandwagon
That's what we end up on

TAKE ME TO JAMAICA

It's all in the system
You're just another victim
Learn to dance a yard
Before you dance abroad

We want back the shilling
With the Lion on it
Lion is the symbol
Of strength and stability
Since independence
It's pure poverty
If you don't educate people
It breeds ignorance
Honor your parents
That your days may be long
Get some education
If you want to stand up strong

Too many children
Depend on the dollar
Cost of living moves so fast
You can't even follow
Hear some holler
Hear some bawl
Like they don't understand
Cost of living gets higher
When the dollar falls
So take back the dollar
That is sliding in the gutter
And give me back my shilling
With the Lion on it.

ACCOMPONG NANNY

We had a little brother
His name was Natty Dread
They snatched him from his mother
Many, many years ago
They sold him into bondage
Thousands of miles away
They chained him and whipped him
They rolled him in the mire
Now we cannot find our brother
With all the leads we followed

We had a loving father
His name was Bongo Nyah
They tricked him and they took him
From his home in Africa
Being the village doctor
He was big and he was bold
They carried him onto their ship
And chained him in the hold
Now we cannot find our father
So we know that they were tricksters

We had a big brave warrior
His name was Uncle Codjoc
We love our big strong uncle

He would tell us many stories
They dragged him onto their ship
And subdued him with their whip
Then traded him into slavery
Getting big bucks for his bravery
Now we cannot find Uncle Cudjoe
But we heard he caused them sorrow

We had a feisty auntie
Her name was Accompong Nanny
She was searching for some answers
Cause she sensed that they were liars
She traveled on one of their ships
And landed in Jamaica
They could not keep her in shackles
For she fought against their soldiers
Now we finally got some answers
For most of our missing fellows.

MI NABA

Mi weep
Lawd, mi belly bun me
Mi haffe weep
Fi see mi naba
Pon di street
No shoes pon im feet
Raggedy clothes
Yu can hear im gut a growl
Can't even take a stroll
Im too weak tired and hungry
Can't even sleep
No roof ova im head
Live in di cemetery
With the dead
Di tomb is im bed
One dutty bungle unda im head

Mi sigh
Lawd mi wipe tears
From mi eye
And still mi haffe cry
Fi see mi naba
In the garbage dump
Wid im likkle sack
Pon im back
Di vultures and di dogs

Ready fi attack
Im haffe use
Im walkin stick
Fi defend im likkle pack
Stink and dirty
Forsaken by humanity
No friends only foes
No money no food
Im haffe wait
Pon di garbage truck
Fi get im meal

Mi weep
Lawd mi belly bun me
Mi haffe weep
Fi see mi naba
Pon di street
No food to eat
Sanitation workers strike
Cause im belly fi a gripe
Every day im down a di dump
Siddung pon a stump
Waitin fi di garbage truck
But im have no luck
As long as di people
Stay offa di wuk

Treat im like human
Len im a han
Instead dem a walla
Inna vanity
Wid no time for humanity.

STREET LIFE

Leave mi parents house
A country
Where food nuh scarce
We have dat plenty
Could change mi clothes
Whenever mi want
An spend mi money
In di dance

Mi use to trash up
Pon di street
Now not even shoes
Pon mi feet
Use to sleep pon
Inna spring mattress
Wid fan a blow
When nite hot

Every morning
Mi coulda fry two egg
Now mi deh pon street
A beg
Use to gungo soup
Wid pumpkin
But preffa when it have

Corn dumpling

Hear bout town
An mi head swell big
So we run way lef country
Mi an Ma Jane Jiggs
Now mi miss bulla cake
An pear
Coulda eat round table
Siddung pon chair

Use to mi nice beef soup
Pon Saturday
Rice an peas wid chicken
Pon Sunday
Use to look so big an fat
Cause when mi hungry
Mi coulda fry two sprat

If yu ever pass
Dung a Falmouth
Check fi mi daddy
Im name Mass Wilmott
Fi mi daddy
A big time farmer
An a im keep di shop
Round cozy corner.

GHETTO LABRISH

Yu nuh hear wey mi hear
Well sah mi hear
Tom bwoy, di thiefin one
Bruck inna Mass John shop
Axe off di big padlock
Den bun dong di shop flat ftat

Run come ya quick
Yu a go laugh till yu sick
Daisy cross eye gal
Left fi go a obeah man
Drop off a mini van
An bruk 'er foot an hand

Well listen di ya score
Di one worse dan before
Zekel pick pocket boy
Jump pon a mini bus
Pick di ducta fuss
Den grab di stush gal purse

Hear di ya joke
Yu a go laugh till yu choke
Lucy hab one likkle maga gal
Gwaan like she can't mash ant

How she a big time Christian
Well dem ketch 'er wid
Di parson man

Dis one ya beat all
Mi couldn't believe it at all
Harry wa gwaan like 'im slick
Left from country go a town
Try fi pick one 'oman pound
An police bruk up im two knee bone

Serve 'eh damn well right
She too dry an bright
Audrey wha keep di heep a man
An every nite she dey pon street
An wid all di plea di mumma plea
Well she end up inna Jubilee

Yu no hear nutten yet
Dis one beat di rest
Tom bwoy, di same thiefin one
Neva use im head
Go thief di 'oman egg
An police shot im dead

MINI BUS JUGGLING

Jump pon a mini bus
Destination Porous
But wait de fus
Cause one ductor
An a back up clash up
Driver nuh move di bus
Till di ductor lef off
Fi di passenger
Mi put on
But im destination
Is Porous
And di bus a go
Ochee Rios

Di ductor back up
Im cutlass im pick up
Same time di back up
Rush up
Two bokkle im pick up
Caused everybody
Fi run an duck
Cause one man
Destination is Porous
An di bus a go a
Ochee Rios

Check fi anada bus
But wait da fus
Dis one no better it wus
So tense everybody nervous
All because one passenger
Im destination
Is Porous
An di bus a go
Ochee Rios

One E20 pull up
Anada back up proach up
Dis one ya empty
Crowd a people come
Full it up
Hear di ductor
Wait deh madda
Yu nuh si how
Dis ya bus cris up
Dem basket fi go a Porous
An dis ya bus a go
Ochee Rios

CHIDING

Mi fret mi seat
Each an every day
Mi pray
Look how mi fight
To see yu go right
Is my delight

Be polite walk upright
What so sweet
Pon di street
Boy beware
Leave frock tail
Or yu wi fail

Have yu fun leave di rum
Yu turning a man
What is yu plan
Food a cook
Go study yu book
Or yu wi tun crook

Mi ask mi talk
Boy be sturdy
Wake up early

TAKE ME TO JAMAICA

Nuh waste yu time
Yu see how much crime
In dis time

Tears in mi eye
Look how mi try
Yu have no fada
Yu nuh sorry fi yu madda
Tings could avoid
If yu only wait a while
But yu don't have nuh pride

Boy be wise
Leave di bone dice
Yu a young man
Nuh run dung 'oman
Yu kno di rule
Yu go a good school
So don't play di fool

Mr. bad
Now yu sad
Seeking fi trouble
Yu get it double
Mi hear yu a chat
Bout the gal Pat
Fat inna 'er frock

Yu lie mi cry
Boy stop ack like a fool
Instead yu cool

HUTCHIE SIMEON, RAS TAMBA

Change yu ways
It wi lengthen yu days
Cause badness nuh pay.

DEAR MAMA:

A long time since mi hear yu voice
But yu always on mi mind
See mi send the thing yu ask mi fa
And mi hope yu doing fine

Give Aunt Jane and Uncle Joe mi love
    Miss Doris and pastor too
Tell Uncle George mi always 'memba him
And mi dear old Auntie Sue

Tell Granny fi get betta quick
Mi hate fi hear she sick
Tell Granpa fi ease offa di rum
And stop walk and tumble dung

Mi hear Jean have one likkle boy
Mi hear she name him Fred
Mi hear Aunt Flo a climb one tree
Fall down and lick her head

Mi hear di gungu bear Mama
Mi hear di goat have kid
Bill turn outta school last week
Di likkle boy getting big

Over here tings rough Mama
Mi wuk from dust til dawn
Can hardly get any rest Mama
Before di clock alarm

If mi neva learn at home
Mi couldn't wuk abroad
Tell mi bredda stop play di fool
And find something do a yard

Mi have fi leave you now Mama
Mi have fi get some rest
Tell all mi friends mi doing well
And mi wish dem all di best.

BIOGRAPHY

Hutchie "Ras Tamba" Simeon was born and raised on Jamaica's South Coast where he began writing and reciting poems at an early age. He moved to Kingston in his late teens, working at a variety of jobs, including the *Jamaica Daily Gleaner, Jamaica Race Form,* and the *Racing Observer.*

Ras Tamba has traveled extensively throughout the Caribbean, Africa, Europe, Canada, the United States, Mexico and Central America. He migrated to the United States in the 80's where he again worked at a variety of jobs, including *Cool Runnings* and *Reggae Hall of Fame* magazines. He resides in Houston where he graduated from Houston Community College with a degree in Graphic Arts and Lithography.

He continues to write and recite poetry, making many guest appearances worldwide, including performances on behalf of the Jamaica Foundation of Houston and his special tribute to Nelson Mandela at the Jamaica National Stadium upon Mandela's first visit to Jamaica after his release from prison in South Africa.